Instrucciones para

DEJA QUE LA REALIDAD AUMENTADA
EN QUE LEES LOS LIBROS

Con tu teléfono inteligente, iPad o tablet, puedes usar la aplicación **Hasmark AR** para evocar la experiencia de realidad aumentada en una lectura literalmente fuera del libro.

1. Descarga la **aplicación Hasmark** desde la **Apple App Store** o **Google Play**

2. Abre y selecciona la opción (vue)

3. Apunta tu lente a la imagen completa con y disfruta de la experiencia de realidad aumentada.

Adelante y pruébala ahora mismo con el logotipo de Hasmark Publishing International.

Hasmark
PUBLISHING
INTERNATIONAL

RECOMENDACIONES

"¡Este libro es muy poderoso! Es muy raro encontrar un autor que, no solo explica el arte de establecer metas y cómo hacer realidad tus sueños más descabellados, sino que también muestra una prueba del concepto al contar su historia y cómo estableció sus propias metas y las manifestó, incluso yendo más allá de las expectativas. ¡Gracias Ross García por un libro verdaderamente inspirador!"

Gisele Maxwell
PhD, Autora Internacional
del exitoso libro "Free and Rich Beyond Wealthy".

"Recomiendo encarecidamente El Tren del Éxito a cualquiera que esté luchando por descubrir su verdadero propósito o dirección en la vida . Después de leer cómo Ross pudo crear su propio éxito utilizando las ideas de Napoleón Hill, Bob Proctor y otros. ¡Ya mismo abordo el Tren del Éxito!" Realmente demuestra el poder del pensamiento positivo y de creer en ti mismo."

Judy O'Beirn
Presidenta de Hasmark Publishing International

EL TREN DEL ÉXITO

LA LLAVE MAESTRA DEL DINERO

De

Ross García

Hasmark
INTERNATIONAL

Publicado por
Hasmark Publishing International
www.hasmarkpublishing.com

Primera Edición

Descargo de responsabilidad

El permiso debe dirigirse por escrito a Ross García al correo wealthmindsetinfo@gmail.com.

Editor: Brad Green brad@hasmarkpublishing.com
Diseño de portada: Real Visuals
Marketing creative@realvisualsmarketing.com
Traductor: Alexa Del Real alexa@realvisualsmarketing.com
Distribución interior: Amit Dey amit@hasmarkpublishing.com

Paperback:
ISBN 13: 978-1-77482-270-8
ISBN 10: 1-77482-270-9

Dedicado a mi madre,
Ninfa García Cantú

AGRADECIMIENTOS

Deseo expresar mi más sincero agradecimiento a las siguientes personas:

A mi madre y a mi padre, por guiarme en la vida y estar siempre a mi lado, independientemente de las circunstancias.

Bob Proctor, por su impacto en el campo del crecimiento y el desarrollo personal. Bob me enseñó a usar mi mente y, lo que es más importante, creyó en mí.

Alexa D. Del Real Alva. Sin su trabajo, este libro no sería posible.

Mis lectores, por invertir su tiempo. Espero que disfruten *El Tren del Éxito*. El viaje en el que estás a punto de embarcar será emocionante y gratificante, siempre y cuando tomes medidas serias y te ciñas a ellas.

Todos mis verdaderos amigos (ya saben quiénes son), que me acompañaron en los buenos y malos momentos, y que contribuyeron a mi vida de forma positiva.

Y, por último, quiero dar las gracias a todos los que creen en las ideas expresadas en este libro, porque sin todos ustedes, *El Tren del Éxito* no sería posible.

Durante el proceso personal de crecimiento que he atravesado (y quiero ayudarte a atravesar), no siempre es fácil para uno creer en los sueños. Lo sé, he pasado por esa senda de dudas y miedos, y de interponerme en mi propio camino, pero lo superé, y quiero que sepas que si es posible para mí, también lo es para ti. Disfruta leyendo lo que aprendí en mi camino hacia el éxito.

TABLA DE CONTENIDO

INTRODUCCIÓN

Todos somos humanos, y dentro de cada uno de nosotros está el sentimiento de que hay más en este viaje humano en el que hemos embarcado juntos. Es el sentimiento que nos lleva a plantearnos las preguntas más importantes de la vida, tales como:

- ¿Quién soy?
- ¿Por qué estoy aquí?
- ¿Hay más en la vida?
- ¿Cuál es mi propósito?
- ¿Cómo puedo marcar la diferencia?
- ¿Cómo puedo tener una vida que realmente me guste?

A menudo, estas son las preguntas que nos incomodan un poco. A menudo, parece que no hay respuesta.

Así que vamos por la vida sintiéndonos insatisfechos, sin claridad o sin valor.

El propósito de este libro es presentar respuestas a algunas de las preguntas más difíciles en la vida, no de forma filosófica e intelectual, sino con fundamentos en la vida real. Esta historia es un relato real, aunque pueda parecer imposible. Pretende ser una guía para ti, basada en la experiencia de alguien como tú.

Ross procedía de la clase trabajadora, sabía que había algo más en la vida y descubrió que ésta estaba cimentada en ciertas leyes o principios universales. Siguiendo estos principios, Ross se catapultó de un trabajo con el salario mínimo a un estilo de vida multimillonario.

Este libro presenta los principios del éxito de una forma que cualquiera puede seguir. Ross es un ejemplo de lo transformadores que pueden ser los secretos del éxito cuando se utilizan adecuadamente. Si Ross puede hacerlo, ¡tú también puedes! Lee este libro con una mente abierta, y el mundo puede abrirse ante tus ojos de formas milagrosas e inimaginables. Aplica lo que Ross enseña con una mentalidad de "soy capaz" y "lo que quiero ya me ha sido dado" y también podrás alcanzar un nivel de éxito y felicidad mucho más allá de lo que puedas pensar que es posible.

Concentra tu atención. El mayor cambio que puedas imaginar es factible.

Capítulo 1

MIS HUMILDES COMIENZOS

Nací en una familia de clase trabajadora de Houston, Texas. Cuando era pequeño, mi familia se mudó a Chicago. Mi padre era obrero de la construcción y trabajaba mucho para mantener a nuestra familia. Consiguió lo que para él era el mejor trabajo en la Ciudad de los Vientos, así que nos pusimos en marcha.

Mi padre quería lo mejor para nosotros. Él veía el mundo como él lo conocía: un mundo de trabajo duro, lucha y largas jornadas sólo para ganar lo suficiente para cubrir los gastos básicos de comida y de nuestro hogar. Me decía que si iba a la escuela y conseguía un buen trabajo, todo iría bien. Esa era su visión en la vida, y que yo recibiera una buena educación parecía ser el mejor camino hacia el éxito.

Algunos días, al volver a casa después de un largo día de trabajo, me daba cuenta de que él no era feliz. Parecía que sabía que tenía un propósito más grande que cumplir en la vida. Me di cuenta que había algo más que deseaba hacer con su vida, un sentimiento que a menudo se hacía más profundo cuando hablaba con orgullo de la gran granja de su padre, con montones de vacas y caballos. Cuando le pregunté por qué había dejado la granja para trabajar en la construcción, me dijo que cuando su padre murió, la granja murió con él.

A veces, cuando perdemos a la gente, también perdemos la esperanza y la fe. Pero si quieres atraer un millón de dólares a tu vida, o pensar como un millonario, lo que necesitas es abundancia de esperanza y fe. Esperanza en que realmente hay algo mejor, y fe en que puede ser tuyo. Que ya es tuyo. Es importante que todos "dejemos ir y dejemos actuar a Dios", entendiendo que estamos trabajando con algo más grande que nosotros mismos.

Todo tiene que ver con la mente. No me refiero a la mente analítica, el diez por ciento que se utiliza para analizar el mundo que nos rodea. En realidad, nuestra mente es mucho más grande y poderosa de lo que creemos. Hablo de nuestra mente subconsciente. Aquí es donde reside el otro noventa por ciento, y no sólo es más poderosa, sino que también tiene habilidades muy especiales.

Nuestra mente subconsciente no tiene sentido del tiempo ni del espacio. La mente subconsciente es infinita. No tiene límites. Cuando mantenemos en nuestra mente imágenes claras y pensamientos poderosos sobre el futuro que realmente queremos y la vida que realmente nos gustaría, podemos avanzar hacia un propósito y un plan mayor.

Cuando pienso en lo que mi padre vivió tras perder a su padre, me acuerdo de la carta de Napoleón Hill, "El desafío a la vida", y de sus consejos sobre cómo superar la muerte. En la carta pedía a los lectores que sonrieran a la vida y supieran que la muerte es como un hermoso sueño. Estamos experimentando los placeres más abundantes de Dios.

Tardé mucho tiempo en comprender el papel que desempeña el miedo a la muerte en nuestras vidas, pero hoy puedo decir que no tengo miedo.

Conquista el miedo a la muerte y a la pobreza.

Recuerda que eres la suma de todos tus pensamientos.

Tu yo interior —el que piensa en secreto— puede ayudarte a cultivar tu propio *sanctasanctórum*, el "santuario sagrado" en el interior, el lugar secreto del poder y la comprensión infinitos. El *sanctasanctórum* está dentro de cada uno de nosotros, lo sepamos o no. Es el lugar donde descubrimos la versión más auténtica de nosotros mismos y donde cobran vida todas las posibilidades nuevas.

La gente usualmente me pregunta cómo conseguí mi primer millón de dólares a los treinta y dos años, pasando de ganar 10 dólares la hora a 100.000 dólares al mes. Empecé con una idea, una imagen vívida en mi mente. Encontré mi *sanctasanctórum*.

Tener una idea y un plan, además de una mentalidad millonaria, es crucial para el éxito. Recuerdo haber escuchado a Napoleón Hill hablar de la importancia de comprar un cuaderno y escribir tu propósito. Eso fue lo que hice. Una noche en casa, escribí que quería ganar 1,75 millones de dólares. En aquel momento, no tenía ni idea de cómo iba a lograr ese objetivo. Todo empezó como una idea, y una vez que la plasmé en papel, pude dar el siguiente paso y crear un plan de acción.

Cuando estaba en la quiebra, quería ganar más dinero por el estilo de vida que ello conlleva. Cuando me hice rico, me di cuenta de que, como humanos, perseguimos los sentimientos asociados a las cosas que queremos. Cuando me di cuenta de esto, supe que debía perseguir mis *verdaderos* deseos.

El dinero es energía y, para sacar el máximo partido a la vida de forma sistemática, debes tener un deseo o un objetivo que te ayude a sentirte bien contigo mismo y con el futuro que estás construyendo. Por eso decidí escribir libros sobre la "mentalidad del millón de dólares". Disfruto sinceramente instruir a la gente sobre el tema de la riqueza.

Los objetivos y deseos se pueden conseguir, y existe una fórmula para hacer realidad tus sueños, como explicaré a continuación. La fórmula es como una receta. Si sigues la receta, podrás saborear los deliciosos resultados. Ten fe en ti mismo y cree en que la receta funciona.

En primer lugar, empieza con el sentimiento de haber alcanzado ya tu objetivo. Comienza diciéndote algo como: "Estoy tan feliz y agradecido ahora que…" y termina la frase. Si añades emociones a tu objetivo verbal, le darás poder a tu afirmación. Debes tener fe en tus capacidades y estar centrado para poder utilizar tu concentración —el poder de tu voluntad— para lograr lo que deseas. Y lo que es más importante, debes dejarte llevar por la emoción, porque tu objetivo es algo que realmente deseas y amas.

En segundo lugar, ponle una fecha límite. Tu frase inicial debería decir algo como: "Ahora estoy tan feliz y agradecido que para el 1 de enero de 2024…". Una fecha límite pone en marcha el reloj. En la naturaleza, la Ley de Género se ocupa de esto por medio de las estaciones de siembra y cosecha. Sabemos que una mujer tarda nueve meses en tener un hijo, pero no sabemos cuánto tardaría en dar a luz una semilla espiritual. Por eso es importante incluir una fecha límite al escribir tu objetivo.

En tercer lugar, utiliza la frase "soy" o "estoy" para describirte como si ya hubieras alcanzado tu objetivo. Todo lo que digas sobre tu objetivo debe estar en tiempo presente. "Soy increíblemente rico", "estoy enamorado de la persona más maravillosa del mundo", "estoy trabajando en el empleo de mis sueños".

En cuarto lugar, tu objetivo debe ser lo bastante claro y sencillo como para memorizarlo. Relee tu declaración de objetivos todos los días. Memorízala y repítela en la ducha, mientras conduces, al levantarte por la mañana y antes de cerrar los ojos para dormir por la noche. Repite este proceso cada día hasta conseguirlo. Escríbelo tantas veces como puedas. Si la fecha límite que elegiste aparece y desaparece, continúa con el objetivo y escribe una nueva fecha límite. Sigue repitiendo el mismo proceso hasta que cumplas tu deseo.

Mi deseo se hizo realidad el 1 de enero de 2017, la fecha límite exacta que me puse al escribir mi objetivo. Tardé unos cinco años en manifestar mi sueño, y ahora quiero ayudarte a manifestar el tuyo.

HORA DE CONCENTRARSE: ESCRIBE TU DECLARACION DE OBJETIVOS

En el espacio de abajo, escribe tu declaración de objetivos, siguiendo los cuatro pasos anteriores. Sigue la receta, como hice yo, recuerda poner fecha límite y firmarla. Este es un paso importante para alcanzar tu objetivo.

Capítulo 2

CÓMO LO INTENTÉ TODO

Después de graduarme del instituto en 2001, empecé mi vida laboral vendiendo teléfonos móviles para Circuit City. En aquella época no sabía muy bien lo que quería, pero estaba seguro de que quería ganar mucho dinero.

Yo era el mejor vendedor de Estados Unidos en el departamento de telefonía móvil de Circuit City. Tenía un jefe llamado Mike Evans que siempre me hablaba de cómo podía mejorar mis ventas mediante juegos de rol. En aquellos tiempos, cuando los teléfonos no tenían internet, vendíamos teléfonos y ganábamos comisiones por nuestras ventas. Él hablaba de cómo, en ventas, yo no tenía techo ni tope, así que mis ingresos siempre tenían potencial de crecimiento.

Como adolescente que intentaba encontrar mi camino, admiraba a Mike porque aún no entendía de qué iba la vida. Mike me dio muy buenos consejos, me ayudó a entender que las ventas no son simplemente: "Oye, ¿quieres comprar algo?". Me enseñó la importancia de mostrar emoción y entusiasmo. Tienes que convencer al cliente de que eres un experto en lo que sea que estés vendiendo. Mike me ayudó a pensar con originalidad y a considerar las ventas como un potencial infinito para ganarme la vida. Aprender a vender con eficacia es una habilidad muy importante para el éxito.

Si puedes verlo, puedes convertirte en ello.

Tras el atentado contra las torres gemelas de Nueva York, las acciones de Circuit City se desplomaron y me quedé sin trabajo porque no podían pagarme mi comisión. Primero cobre el paro y fui a la universidad, y al cabo de un tiempo decidí meterme en el sector hipotecario. Veía cómo mis amigos compraban coches nuevos y me preguntaba cómo ganaban tanto dinero. Decidí dejar la universidad porque quería adquirir experiencia práctica en el sector hipotecario.

Tenía un buen amigo llamado Johnny que me tomó bajo su tutela y me enseñó a aprobar las condiciones de los expedientes para las hipotecas. Le conocí en 2003, cuando tenía veintiún años, después de que me despidieran de Circuit City. Los dos trabajábamos en una empresa llamada First Capital Mortgage. Johnny se disponía a abrir su propia oficina. Al final, fui a trabajar con él como director de operaciones. Me dijo que me guiaría porque, en aquel momento, yo no sabía nada del sector hipotecario. Él tenía una pequeña oficina, y allí, él y yo aprobábamos condiciones para First Capital Mortgage.

Aunque trabajé con Johnny durante cinco años, sentía que me faltaba algo y que debía haber algo más en la vida. Después de aprender sobre el sector hipotecario y pasar años trabajando en expedientes, en 2008 entré a trabajar en el BMO Harris Bank, que es la filial estadounidense del Bank of Montreal. Por desgracia, la recesión de 2009 hizo que mucha gente perdiera su trabajo y, de nuevo, me encontré sin empleo.

Poco después, me ofrecieron un trabajo en el Chase Bank, en su departamento de hipotecas. Aunque la situación no estaba tan bien en esos momentos, pensé que aún podría trabajar en hipotecas. Además, pensé que la economía iba a remontar.

No funcionó como yo pensaba y, en 2010, solicité un traslado a su departamento de modificación de préstamos. Me dijeron que no podían trasladarme porque necesitaba completar un año en su departamento hipotecario. Decidí renunciar, y en su lugar trabajé en casa de mi madre haciendo modificaciones de préstamos para familiares y amigos.

Entonces todo cambió.

Ese mismo año, casi muero y mato a otra persona en un accidente por conducir bajo los efectos del alcohol. Tras chocar contra otro coche, el conductor quedó en coma durante varios días. Afortunadamente, sobrevivió y se recuperó. Cuando me puse en contacto con él, aceptó mis disculpas.

El juez sabía que acababa de graduarme en la Universidad Northwestern y me dijo que, en lugar de meterme a la cárcel, me iba a enviar a un programa de entrenamiento militar que me ayudaría a disciplinarme. Pero para mí, la disciplina no era para mi cuerpo, sino para mi mente.

De hecho, la historia que hay detrás del título de este libro se remonta a cuando estaba en el campo de entrenamiento, luchando por descubrir por qué pasé por lo que pasé. Cuando estaba en el campo de entrenamiento, visualicé la imagen de un tren que subía por una montaña, donde el éxito estaba al otro lado de la colina. La gente se había subido al tren, pero había muchas vueltas y revueltas que conducían a la procrastinación y al miedo. De aquella visión del tren me llevé una verdad muy importante:

Las personas de éxito encuentran el camino que conduce al éxito.

Cuando salí del campo de entrenamiento cuatro meses después, seguí disciplinando mi mente y empecé a escuchar a Napoleón Hill en YouTube. A través de sus enseñanzas, aprendí cómo uno puede tomar posesión de su propia mente y empezar a atraer las cosas que quiere. Dejó claro que la mayor lucha de la humanidad es no tomar posesión de la propia mente. Cuando empecé a escucharle, me di cuenta de que me había pasado la vida escuchando a la gente que me rodeaba en lugar de pensar realmente en lo que yo quería.

Fui a la universidad pensando que iba a salir adelante, porque me dijeron que así es como se sale adelante.

Sin embargo, no fue así.

Conseguí un trabajo en el departamento hipotecario de Chase ganando solo 24.000 dólares al año, porque me habían enseñado que una carrera tradicional era la mejor manera de salir adelante, pero en realidad, nadie compraba casas porque la economía seguía en recesión en 2010. Fue entonces cuando decidí hacer un cambio trabajando en el lado opuesto de la industria hipotecaria, con modificaciones de préstamos.

Desde que Napoleón Hill dijo que debemos utilizar nuestras cualidades para atraer la abundancia, me he planteado una pregunta: ¿En qué soy bueno? Rápidamente me di cuenta de que soy bueno haciendo modificaciones de préstamos. En 2010, ayudé a mis padres a ahorrar más de 150.000 dólares en su hipoteca. Además de eso, reduje su tasa de interés del 7% al 2%.

En aquel momento, mis padres debían 285.000 dólares. Su casa estaba valorada en 150.000 dólares porque en 2008-2009 la economía estadounidense se había hundido y la propiedad costaba más de lo que valía. Muchos de los amigos de mi padre trataron de disuadirlo de conseguir una reducción del préstamo sobre su casa y, a su vez, él trató de disuadirme también. Pero algo dentro de mí me decía que iba a ayudar a reducir el saldo de la propiedad al valor actual del mercado. Fueron necesarios unos nueve meses de trabajo, fe y determinación para reducir su saldo al valor del mercado de 150.000 $.

Acababa de encontrar una forma increíble de ayudar a la gente a cambiar su vida.

Otro consejo de Napoleón Hill que seguí inmediatamente fue comprar un cuaderno y escribir lo que quería. En ese momento, pensé que ganar 1,75 millones de dólares era una idea increíble, así que escribí que quería alcanzar este objetivo el 1 de enero de 2017. Escribí este objetivo en 2012, y me llevó cinco años manifestarlo.

Napoleón Hill dijo que todo empieza con el deseo y la toma de una decisión.

Para alcanzar mi objetivo de 1,75 millones de dólares, decidí la cantidad que cobraría por mis servicios: 4.500 dólares por cada cliente. A continuación, calculé cuántos clientes necesitaría para alcanzar mi objetivo.

Después, sostuve el papel con el objetivo en mis manos y lo repetía todos los días para poder imaginar mejor cómo sería sentirme cumpliendo mi deseo. Leí libros sobre la ley de atracción. Tomé medidas masivas para poner en marcha mi empresa y creé un plan de marketing. Me miraba al espejo y me decía: "Soy millonario. Soy millonario".

Lo que empezó como "una fantasía y un plan" se convirtió en una creencia. La creencia acabaría convirtiéndose en realidad.

En 2012, mi hermana me llamó para proponerme que trabajara con ella en una empresa especializada en modificaciones de préstamos.

Acepté el trabajo porque no tenía ingresos. Estaba empezando a entender el material de Napoleón Hill sobre cómo atraer la abundancia, así que le dije que iría a una entrevista. El trabajo era estupendo por el momento, pero yo ya tenía mi propio plan escrito.

Mi hermana no se daba cuenta de que yo tenía un plan, y de que el trabajo que me ofreció en esa empresa de modificación de préstamos me inspiró aún más para crear mi propia empresa. Cuando renuncié, me dijo que estaba cometiendo un error, pero no sabía que ya estaba planeando abrir mi propia oficina.

Poco después de renunciar, recibí una llamada de un abogado amigo que me dijo que me había encontrado un despacho. En su momento abrí mi propio despacho y acabé comprando el edificio en el que trabajaba, del que fui propietario durante dos o tres años hasta que acabé vendiéndolo al abogado al que se lo había comprado.

Al principio, no entendía cómo había tenido tanta suerte. Pero no era suerte, era ley que las cosas me salieran bien. Napoleón Hill dice que las cosas empiezan a suceder y las puertas a abrirse cuando tomas una decisión sobre lo que quieres.

Este es tu "propósito principal definido".

Una vez que sepas cuál es tu propósito principal definido, las circunstancias empezarán a darse y empezarás a avanzar en la dirección de cumplir ese sueño. Así fue como atraje los 1,75 millones de dólares.

Debo admitir que estaba un poco nervioso y preocupado cuando renuncié a la empresa en la que trabajaba mi hermana. Para la mayoría de la gente, dejar el trabajo y perseguir un objetivo o un deseo es arriesgado, o incluso ridículo. Pero yo tenía la sensación de que iba a tener éxito y de que iba a ser millonario. Mucha gente pensaba que estaba perdiendo el tiempo, pero no me importaba lo que dijeran. ¿Por qué iba a importarme? Estaba en la ruina y, lo que es más importante, estaba cansado de estarlo.

Capítulo 3

EL CAMBIO

Luego de escuchar a las mentes más brillantes en materia de crecimiento y desarrollo personal —gente como Napoleón Hill, Earl Nightingale, Bob Proctor, Thomas Troward y Geneviève Behrend— empecé a notar una diferencia en mi forma de pensar. También noté una diferencia en mi cuenta bancaria.

Al principio de mi travesía para atraer 1,75 millones de dólares, era como si hubiera saltado de un avión, no sabía dónde iba a aterrizar.

Lo único que sabía era que se me estaban abriendo puertas.

Después de que el abogado me ofreciera un despacho en su bufete para hacer modificaciones de préstamos, acepté el puesto y el despacho. Inmediatamente, empecé a conseguir clientes, primero a través de correos y folletos en las puertas, y más tarde a través de la radio.

Enseguida, los clientes empezaron a pagarme $1.000, $750, $2.000, etc. Poco después, apareció alguien de una empresa de revistas y me presentó a una persona muy influyente de la radio que trabajó conmigo para atraer más clientes a mi negocio. Curiosamente, conocí a este ícono de la radio cuando trabajaba con mi hermana en el bufete de abogados. Le pregunté por qué quería presentar mis servicios de modificación de préstamos y trabajar conmigo si él trabajaba con mis competidores. Me dijo que quería darme una oportunidad y que confiaba en que yo sabía lo que hacía.

Durante cuatro años fui todos los días a la emisora de radio, que no estaba lejos de mi oficina. Grababa todos los días por la mañana a las nueve. En un abrir y cerrar de ojos, pasé de tener dos o tres clientes a treinta y cinco en un mes.

Mis ingresos pasaron de $3.000 al mes a $125.000 en el mismo periodo de tiempo.

Por supuesto, tenía gastos que pagar, pero merecía la pena. Fui construyendo mi cartera de clientes a través de la emisora de radio y del boca a boca.

Unos cinco meses después, mi hermana me llamó. Había dejado el bufete y aceptado una oferta para trabajar en MB Bank, que ahora es Fifth Third Bank. Acabó renunciando al trabajo porque tenía problemas con uno de los empleados. Le dije que viniera a trabajar conmigo y enseguida se dio cuenta de lo mucho que había cambiado. Tenía una actitud mental positiva, me había centrado en mi plan y mi objetivo estaba claro. Además, se dio cuenta de que el ambiente de trabajo y el potencial de crecimiento de sus ingresos serían diferentes y mejores si trabajaba conmigo. Mi adorable hermana, que no hacía mucho me había dicho que no iba a encontrar otro trabajo si dejaba el bufete, ahora trabajaba conmigo y veía mi plan cumplido en acción.

Un día, mientras almorzábamos en un restaurante de Chicago, me preguntó: "¿Por qué siempre llevas contigo un ejemplar de *Piense y hágase rico*? ¿Por qué siempre tienes este libro en la mano?".

Le dije que el libro contiene un secreto, y que, si hace lo que le digo, puede tener literalmente lo que quiera.

"Bueno, ¿cuál es el secreto?", preguntó. "¿Qué es lo que realmente quieres?"

"Quiero ganar 100.000 dólares al año".

"Coge un trozo de papel y un bolígrafo", le dije. "Quiero que escribas que vas a ganar 100.000 dólares al mes".

Sorprendida, me dijo: "¿100.000 dólares al *mes*?".

Al principio, pensó que lo único que tenía que hacer era asociarse conmigo, ya que sabía que yo ya ganaba más de

100.000 dólares al mes. Pero le dije que *no*, que iba a atraer 100.000 dólares al mes montando su propio negocio. Siguió preguntándome cómo.

Le dije: "No te preocupes, el *cómo* se te va a presentar".

"¿Qué quieres decir?", preguntó. Pero me di cuenta de que ya estaba reflexionando seriamente sobre lo que le había dicho e interiorizando esos pensamientos.

Se había creado una imagen de sí misma ganando 100.000 dólares al mes, y eso la entusiasmaba.

Después, escribió sus objetivos, creó un plan de acción y emprendió acciones masivas, tal y como yo había hecho. En su momento dado, su mente subconsciente tomó sus metas y sus deseos y los manifestó.

Unos dos años más tarde, pudo alcanzar su deseo de ganar 100.000 dólares al mes.

Mi negocio seguía creciendo y personas con experiencia en marketing de radio y televisión se acercaban a mí con frecuencia. En aquel momento no me daba cuenta de lo que estaba haciendo.

Estaba cambiando el mundo exterior de tal manera que estaba teniendo un impacto positivo en mi vida.

Cambiando la imagen en mi mente y aplicando la fe, la perseverancia y la acción continua, pude avanzar constantemente hacia la consecución de mis objetivos.

Para subirte al Tren del Éxito, necesitas tener una imagen clara y un objetivo, y estar decidido a conseguirlo sea cual sea. Tu sistema de creencias debe ser elevado, y por ley, tus ingresos también lo serán.

Capítulo 4

TU VERDADERO YO

Tengo dos preguntas importantes para ti:

¿Quién es tu verdadero yo? ¿De dónde procede la fuente de tu poder?

Me enseñaron que somos criaturas espirituales e intelectuales que vivimos en un cuerpo físico. En 1934, en San Antonio (Texas), un doctor en artes curativas llamado Thurman Fleet creó una sencilla imagen de la mente. La parte superior representa el pensamiento consciente. La parte inferior representa tu mente subconsciente, y aquí es donde empieza toda la diversión.

Napoleón Hill dice que la mente subconsciente no sabe la diferencia entre un penique y un millón de dólares; sólo recibe información. Cuanto más grabes tu idea en la mente subconsciente, menos capacidad tendrá ésta para rechazarla. Debe aceptar la idea.

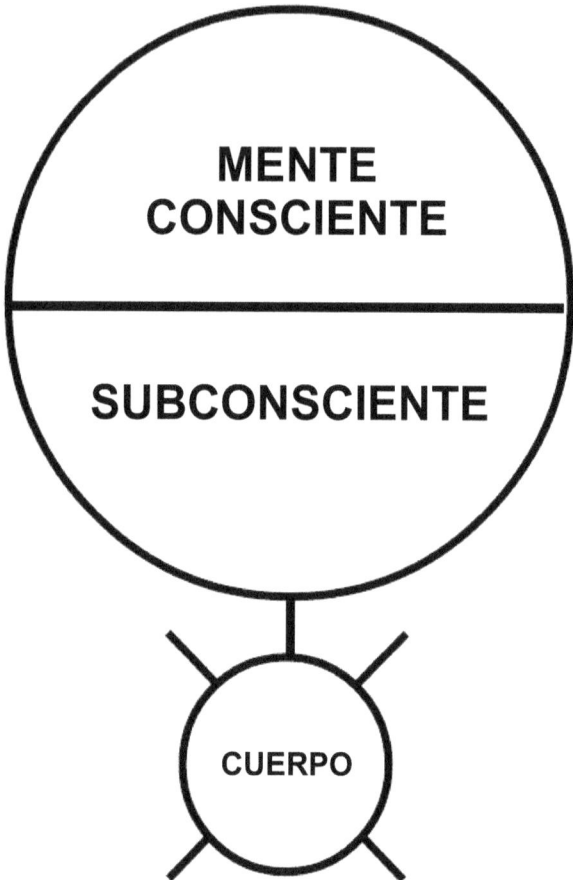

MENTE
CONSCIENTE

SUBCONSCIENTE

CUERPO

¿Quieres subirte al Tren Del Éxito
y atraer un millón de dólares?

La repetición es la clave, y por eso es vital que sigas leyendo y escuchando la misma información una y otra vez, repitiendo tu declaración de objetivos, para que puedas pasarte literalmente al carril del tren para atraer tus millones de dólares. La ley de la vibración afirma que nada descansa; todo está en constante movimiento. Nosotros también.

Pensamos en imágenes. ¿Puedes imaginarte a ti mismo como alguien feliz, saludable y rico?

Cuando conocí la repetición y la visualización, dudé de su poder. Pero más tarde aprendí que la mente subconsciente está trabajando incluso cuando no estás pensando activamente. Al fin y al cabo, sólo estás pensando activamente el 3% del tiempo, así que ¿qué pasa con el otro 97% de los pensamientos?

Ahora estamos entrando en una de las facultades superiores, a la cual nos referiremos como tu *voluntad*. Necesitas enfocarte con tu voluntad en tu imagen y mantener la imagen. Habla contigo mismo en tu mente y dite a ti mismo que eres feliz, saludable y rico. Me digo a mí mismo:

> *Estoy tan feliz y agradecido ahora que el dinero me llega en cantidades cada vez mayores por medio de varias fuentes de forma continua.*

Lo repito constantemente en mi mente, independientemente de las circunstancias externas de mi vida.

Además de la repetición y la visualización, como ya se ha mencionado, también es fundamental fijar una fecha concreta para alcanzar el objetivo. Sin embargo, ten en cuenta que si no alcanzas tu objetivo en la fecha concreta, no pasa nada. Cambia la fecha, sigue avanzando y nunca dejes de repetir tus objetivos.

He aquí otra técnica que puedes utilizar para hacer realidad tus sueños, especialmente en los días en que te cuesta creer en ti mismo y en tus objetivos:

- Dedica diez minutos a expresar gratitud por lo que ya tienes.

- Deja volar tu imaginación. Dedica otros diez minutos a pensar en tus sueños y a imaginar que ya has alcanzado ese objetivo.

Básicamente, vive tu vida con la mentalidad de que el cambio que buscas ya se ha producido.

Las enseñanzas en los campos de la ciencia y la teología difieren en casi todos los ámbitos, pero coinciden en una cosa: nada se crea y nada se destruye. Todo lo que quieres ya está aquí. Sin embargo, está en una frecuencia determinada y, debido a la ley de la vibración, debemos igualar la frecuencia de nuestro deseo para alcanzarlo.

Por eso la gente se confunde o tiene problemas con la visualización y la repetición. Piensan en una frecuencia distinta a la de su deseo. Para atraer tu deseo, necesitas igualar su frecuencia de alto octanaje.

Entonces, ¿cómo puedes alcanzar esa frecuencia de alto octanaje?

Leyendo libros como éste, asistiendo a seminarios y aprendiendo quién eres realmente.

Tu deseo es una semilla espiritual, y en el momento en que imaginas que tu deseo se hace realidad, estás plantando tu semilla. No obstante, no puedes forzar que las cosas sucedan por ti. Tienes que trabajar en armonía con la ley de la naturaleza, con el *modus operandi* de Dios.

Lo más importante es sentirte completamente seguro de que alcanzarás tu objetivo. Sin embargo, también debes asegurarte de no emocionarte tanto cuando llegues y que eso te impida seguir creciendo.

Al principio, me costaba imaginarme cómo alcanzaría mis objetivos, y a menudo me preguntaba cuándo ocurriría. Sorprendentemente, alcancé mi objetivo en la fecha que había escrito originalmente. Para manifestar tus objetivos, puedes hacer lo que yo hice: imagina tus sueños como una semilla que ya has plantado y, antes de que te des cuenta, tus sueños empezarán a brotar y a crecer.

Eres creativo, incluso cuando crees que no lo eres. Así que... ¡crea!

Capítulo 5

CUALIDADES PARA
CANTIDADES

Quizás tengas en mente un nivel de ingresos que te gustaría alcanzar, pero no estás seguro de qué pasos dar para llegar a él. Te digo un secreto: no es necesario conocer siempre todos los pasos para ir de donde estás a donde quieres estar. Lo único que necesitas es un deseo intenso y el valor de dar el primer paso. Posees cualidades y habilidades que quizá sólo tú conoces, consciente o inconscientemente. Por ejemplo, si eres artista, músico o actor, puedes utilizar esas habilidades para alcanzar tus objetivos. Todos tenemos un deseo intenso que nos hace sentir bien, y eso puede convertirse en un objetivo.

¿Recuerdas cuando hablé de la cena con mi hermana, en la que le pregunté cuánto dinero quería ganar para ser feliz? Me dijo que quería ganar 100.000 dólares al año, y le pregunté por qué. Dijo que era porque quería cuidar de su familia, y sentía que ganar 100.000 dólares al año bastarían para pagar todas sus deudas y gastos, y así vivir cómodamente. No era un objetivo grande ni elevado. Quería aspirar a algo que supiera que estaba a su alcance.

En cuanto a los objetivos, existen tres niveles. Un objetivo de tipo A es algo que ya sabemos que podemos lograr fácilmente. Un objetivo de tipo B es algo que *creemos* que podemos lograr. Y un objetivo de tipo C es algo que no sabemos cómo conseguir. Mi hermana no aspiraba a un objetivo de tipo C; se iba a conformar con un objetivo de tipo B, porque sabía que estaba a su alcance.

Por eso la animé a alcanzar un objetivo de tipo C recomendándole que aumentara su objetivo de 100.000 dólares anuales a 100.000 dólares al mes. Al fin y al cabo, para alcanzar mis 1,75 millones de dólares, tenía que aspirar a un objetivo de tipo C. Me ayudó el hecho de que ya creía en el consejo de Napoleón Hill de que podía convertirme en una mejor versión de mí mismo. Pero al principio, no creía en mí mismo.

Creer en uno mismo es importante para alcanzar tus objetivos.

Si te cuesta creer en ti mismo, te sugiero que busques un mentor que te inspire. Un mentor te ayudará a ver tu propio potencial y a crear un proyecto, una imagen clara de tu objetivo. Te ayudará a ver el primer paso y a centrarte siempre en el siguiente.

Ninguna creencia ajena por sí sola va a ayudarte a alcanzar un objetivo grande y elevado. Sólo tú sabes lo que está pasando en tu mente. A principios del siglo XX, el profesor William James dijo que la gente tiene 60.000 pensamientos al día, y de esos 60.000 pensamientos, 59.000 no te sirven, porque no están enfocados en las cosas que quieres. Por eso es importante entender siempre que tenemos que considerar y recordarnos a nosotros mismos nuestro propósito principal definido constantemente.

En el caso de mi hermana, sólo necesitaba saber qué se sentiría ganar 100.000 dólares mensuales. Cuando me vio ganar esa cantidad, el objetivo le pareció menos inalcanzable. A menudo, es más fácil aspirar a un gran objetivo cuando sabes que otra persona lo ha conseguido. Si ellos pudieron, tú también puedes.

¿Crees realmente en ti mismo y en tus cualidades, independientemente de lo difícil que sea tu situación en este momento, de quién no crea en ti y de quién te diga que no va a funcionar? La forma en que respondas a esa pregunta determinará tu éxito. La palabra «fe» significa «soy capaz, porque Dios o la inteligencia infinita es capaz, y yo soy hijo de la inteligencia infinita».

Ten fe. No te rindas. Además de creer en ti mismo, anímate con tus objetivos.

Es importante que te dejes aconsejar por personas que tienen lo que tú quieres y que te animan. La mayor parte del tiempo, la gente que te rodea te dirá que no tendrás éxito. Lo más probable es que esas personas no tengan lo que tú quieres.

Deberías mantenerte alejado de gente así, y si es alguien cercano a ti, te recomiendo que no le cuentes tu plan porque podría disuadirte.

En lo que respecta al éxito, tú eres el único problema, y tú eres la única solución. Cuando cambies tu percepción de ti mismo, todo lo demás cambiará. Las piezas del puzzle comenzarán a encajar.

William James, el padre de la psicología en Estados Unidos, dijo que nuestros sistemas de creencias se basan en cómo evaluamos las situaciones. Si reevalúas con frecuencia una situación, tus creencias sobre esa situación cambiarán. Eso es lo que hice yo.

Lo único que existe es lo que creas en tu mente y lo que percibes como verdad. Lo que ves no es lo que hay. Lo que ves no es lo que es. Te han engañado para que pienses que lo que ves es real.

Obtienes lo que eres, lo que crees en el fondo de tu corazón.

Detrás de todo, personas a las que consideras en el pico del éxito pueden estar pasando apuros. Pueden estar pasando por cosas de las que no tienes ni idea, así que es importante que no juzguemos. Simplemente tienes que estar contento contigo mismo y con tus resultados. Sea como sea, sigue avanzando hacia lo que quieres. Y sé agradecido, porque Dios nunca te va a enviar más si no estás agradecido por lo que tienes.

La realidad que existe, existe en tu mente.

Cuando entiendas que primero tienes que trabajar en tu interior, el exterior empezará a cambiar. Deja de trabajar en lo de fuera. Nunca podrás cambiar a nadie. Al único que debes centrarte en cambiar es a ti mismo.

La razón por la que escribí este capítulo es para ayudarte a ver la importancia de capitalizar las cualidades que tienes. Todos tenemos diferentes cualidades que pueden ayudarnos a pasar al siguiente nivel.

Encuentra cualidades en ti mismo basadas en tus deseos más intensos y en tu historia. Escríbelas en un papel, como hice yo y como hizo mi hermana. Haz de cada cualidad una declaración de "YO SOY" o "YO ESTOY". Convierte esas habilidades y cualidades en objetivos cuantificables con una fecha límite, y repítete los objetivos a diario durante el tiempo que haga falta.

Capítulo 6

AYUDAR A LA GENTE
A CAMBIAR LA FORMA DE
PENSAR NEGATIVA

Mi propósito es ayudar a la gente, y cualquiera que aspire a superarse también debería tener el mismo propósito de ayudar a la gente. Me gusta ver a la gente sonreír y disfrutar de la vida. Napoleón Hill dijo que el mayor pecado de la humanidad es no tomar posesión o control de nuestras propias mentes.

Dijo que, si tomáramos posesión de nuestras propias mentes, podríamos crear literalmente nuestra propia economía.

Puedes crear tu propio mundo.

Veo todo el tiempo a personas que luchan por tomar posesión de sus mentes y mirar más allá de la forma de pensar negativa. Cuando voy a las tiendas, a veces oigo a madres que les dicen a sus hijos: "No puedes tener eso" o "simplemente no podemos permitírnoslo". Créeme, he estado en situaciones en las que parecía que estaba rodeado de gente diciéndome lo que no puedo tener y lo que no puedo permitirme. Cuando era más joven, recuerdo una vez que golpeaba con rabia las paredes de mi casa porque mi madre no me daba los 5 dólares que pedía.

Para muchos de nosotros, a lo que hemos estado expuestos ambiental y socialmente durante nuestra vida ha programado negativamente nuestras mentes. La forma de pensar negativa se nos transmitió mientras crecíamos. Si veíamos pobreza y miseria y elegíamos centrarnos sólo en eso, eso es lo que íbamos a atraer. Si te educaron en la violencia o en la pobreza, nueve de cada diez veces acabarás en la pobreza o rodeado de violencia. Aquello en lo que centras tu atención se convierte en tu vida, por eso algunos beneficiarios de la asistencia social son de cuarta generación.

Sin embargo, si entiendes que eres un creador y un ser creativo e intelectual, entonces puedes entrenarte para venir de un lugar en el que creas que no te falta nada. Si estás en un mal ambiente y piensas a menudo en lo arruinado que estás, o en lo infeliz que eres con las personas equivocadas de tu vida, ¡deja de tener esos pensamientos! En lugar de eso, comienza a alejarte. Es hora de dejar atrás a esas personas y encontrar a alguien que tenga un impacto positivo en tu vida. Tienes que rodearte de personas que crean en tus objetivos y participen en tu vida, personas que estén dispuestas a pasar al siguiente nivel contigo.

Si hay alguien en tu vida que te dice que no eres bueno, que no le haces feliz, que tus ideas apestan y que por eso estás arruinado, entonces el mero acto de apartar a esas personas de tu vida puede ser lo que necesitas para alcanzar el siguiente nivel.

Haz ese corte.

Tenemos que elegir nuestra verdad teniendo un propósito principal definido en la vida que esté ligado a nuestros deseos. Al universo le gusta la precisión. Tenemos que cambiar la imagen y vernos a nosotros mismos felices, saludables y ricos para crear un cambio.

Puede que te sientas frustrado porque las personas no estén a tu lado cuando te subas al tren del éxito, pero no culpes a nadie. Mucha gente simplemente no es consciente de cómo funciona este proceso. No tenía demasiados amigos mientras hacía realidad mis sueños. Crecí más que todos los que me rodeaban. Me cansé de hacer las mismas cosas y de ir a discotecas en busca de alegría y emoción. Ya no era así.

Deja el pasado en el pasado. Empieza un nuevo día y, lo más importante, empieza con un plan.

Nos resulta realmente difícil desprendernos de la acumulación de dolor que proviene de situaciones negativas a lo largo de la vida, desprendernos del dolor al que nos aferramos como si fuera sagrado. Utiliza esa lucha para mejorar tu vida, para tender la mano y pedir una recompensa.

Pregúntate qué es lo que realmente quieres y por qué te lo impides. No te preocupes por cómo se hará realidad lo que quieres. Utiliza tu fuerza de voluntad, mantén una imagen en tu mente y ten presente que eres millonario. Debes decirte a tí mismo: "¡Soy capaz!".

Recuerdo que escuché una historia sobre Andrew Carnegie, que tenía un patrimonio de miles de millones de dólares y que en su día fue la persona más rica del mundo. Dedicó los últimos años de su vida a regalar su fortuna, asegurándose cuidadosamente de que donaba su dinero a las empresas benéficas adecuadas para que la gente no utilizara su riqueza de forma equivocada.

Al mismo tiempo que te ayudas a ti mismo, ayuda a los demás tanto como puedas. No hace falta ser la persona más rica del mundo para devolver algo. En algunos casos, puedes hacer donaciones a organizaciones benéficas, pero no siempre se trata de dinero. También puedes ser voluntario en campañas de recogida de alimentos o trabajar en el Ejército de Salvación.

Ayudar a la gente —hacer algo por el mundo y por nuestro planeta— te motiva a triunfar y además te hace sentir bien. Si solo el 1% de los ricos donara la mayor parte de su dinero, no habría pobreza.

Y lo que es más importante, retribuir te ayuda a liberarte de las vibraciones negativas. Es tu trabajo tomar posesión de tu mente. Al ayudar a alguien cuando tengas pensamientos negativos, te hará sentir mejor contigo mismo.

Envía amor a tres personas que te hayan disgustado. O envía amor a personas que necesitan ser amadas, como un vagabundo, porque no sabes por lo que han pasado.

No sabes si han perdido su casa, si han pasado por un divorcio o han sufrido abusos. Cuando envías amor a esas personas, y ellas no saben quién eres, ves un brillo en sus ojos; la persona a la que estás ayudando se vuelve a llenar de vida. Es como si le dieras a esa persona una parte de ti, y cuando lo haces, se transforma.

Utilizar esta información puede cambiar tu vida, pero también la de muchos otros.

Lo más probable es que, cuando eras más joven, tuvieras un brillo en los ojos, sentías que podías salir a conquistar el mundo. Luego, cuando conseguiste tu primer trabajo y pensaste que podías aplicar tus habilidades, la gente te dijo que eso no era suficiente, y lo interiorizaste. Se te metió en el subconsciente y te hizo pensar que no eras lo bastante bueno.

¿Y adivina qué? Si te pasas la vida pensando de verdad que no eres lo suficientemente bueno debido a lo que has interiorizado, como yo solía hacer, entonces resultarás no ser lo suficientemente bueno. Un amigo me dijo que tenía que salir del sector hipotecario porque estaba perdiendo el tiempo, y por eso fui a la universidad para obtener un título en finanzas y gestión de inversiones. Pero la realidad es que lo único que tenía que hacer era darle al interruptor. No estaba perdiendo el tiempo, y tú tampoco lo estás.

Lo mismo ocurre con alguien que está en la calle y necesita inspiración. Una vez tuvo ese brillo en los ojos, pero ¿adivinen qué? Desapareció porque cuando entró en el mundo real, fue golpeado. Fue golpeado en su mente y en su alma, por eso, perdió la cabeza y perdió todo lo que le rodeaba. Por eso, cuando haces cosas consideradas y útiles para otras personas, especialmente si vienes de una posición elevada como Bill Gates o Andrew Carnegie, esa persona recordará ese día el resto de su vida.

Ayudar a la gente y hacer cosas para mejorar el mundo es importante porque cuando das, recibes algo a cambio, ya sea de la persona a la que has ayudado o de alguien totalmente distinto.

Capítulo 7

CÓMO HACER LA TRANSICIÓN HACIA TUS MILLONES

Crear una transición no es difícil. Una vez que abres tu mente dando forma a tus pensamientos —de la forma en que mi hermana y yo lo hicimos— el cambio ha comenzado. A muchas personas les ayudan ciertas circunstancias. A mí, subirme al coche y conducir es algo que me ayuda a abrir la mente con más facilidad. Thomas Edison solía echarse siestas breves. Abría sus pensamientos para que le viniera a la mente una corazonada.

Para ti puede ser algo diferente. Intenta yendo a un parque a pensar. Da un largo paseo en coche y piensa. Deja que te vengan las ideas y trabaja en armonía con ellas.

Puedes dar forma a tus pensamientos con las imágenes que formas en tu mente. James Allen dijo una vez:

La mente es el poder maestro que moldea y hace,
y el Hombre es mente, y siempre toma
la herramienta del pensamiento, y, dando
forma a lo que
quiere, produce mil alegrías, mil males:
Piensa en secreto, y se hace realidad:
El entorno no es más que su espejo.

¿En qué estás pensando?

Analiza tus pensamientos y averigua si lo que estás pensando te llevará a alcanzar tu propósito. ¿Piensas en cosas que te lleven al tren del éxito, de camino a tu primer millón? Si estás cansado de estar en la ruina, piensa lo contrario. Piensa como si ya fueras millonario.

Mi forma de pensar siguió transformándose a medida que perseguía mis objetivos. Un evento en Nueva York organizado por Bob Proctor desempeñó un papel importante en mi crecimiento. Cuando me inscribí en el evento, nunca podría haber imaginado el impacto crucial que tendría en mi vida escuchar a mi mentor, ni tampoco que entraría a su empresa como consultor.

Empecé a escuchar a Bob Proctor en 2012 cuando supe que fue entrenado por Earl Nightingale en Chicago, y que Earl Nightingale fue entrenado por Napoleón Hill. Bob había pasado por la misma situación que yo. Cuando trabajaba en el cuerpo de bomberos, estaba en la ruina, infeliz y poco saludable. Decidió abrir un negocio de limpieza y acabó ganando millones de dólares.

Un día, mientras escuchaba uno de sus vídeos, vi un anuncio en Facebook. Mencionaba que Bob estaba organizando un evento y que su empresa estaba contratando personal. Decidí unirme a su empresa, porque lo que había aprendido de Bob había cambiado mi vida y pensé que tal vez podría ayudar a cambiar la vida de otros de una manera similar. En octubre de 2016, recibí una llamada de su oficina. Me preguntaron: "¿Te gustaría ser consultor?". Les dije que no necesitaban venderme el puesto porque ya soy un producto de lo que Bob enseña.

Un mes después, Bob organizaba un acto en Nueva York, así que volé hasta allí para conocerle personalmente. En el Carnegie Hall, le escuché dar un discurso sobre cómo Napoleón Hill conoció a Andrew Carnegie. Carnegie le preguntó a Hill si estaba interesado en escribir durante veinte años, sin cobrar, sobre las leyes del éxito para ayudar al hombre moderno. Aunque a Napoleón Hill le intimidaba la idea de trabajar veinte años sin cobrar, la persona más rica del mundo en aquel momento le preguntó si estaba interesado.

Él dijo: "Sí, Sr. Carnegie, puede contar conmigo. Lo lograré".

Por supuesto, Napoleón Hill no tenía ni idea de que iba a vender millones de libros y a crear la industria del crecimiento y desarrollo personal tal y como la conocemos. Abrió un nuevo sector en el que la gente puede ayudar a los demás a desarrollar su verdadero potencial.

Cuando Bob Proctor terminó su charla, me acerqué a él y le dije directamente: "Hola, Bob. Ahora trabajo para tu empresa y quería que supieras que atraje 1,75 millones de dólares a mi vida con esta información".

Me contestó: "¡Genial, ya lo tienes!".

Asistir a ese evento fue un sueño hecho realidad para mí porque, una vez que aprendí a tomar posesión de mi mente, estuve buscando nueva información constantemente. Desde entonces, soy un estudiante. Nunca dejo de aprender; la repetición de la información es la clave. Construye tu confianza, construye tu carácter y permite que tus pensamientos crezcan a medida que tú también lo haces.

Tener un mentor es extremadamente importante porque te hará responsable de las cosas que quieres. A veces, seguir los consejos de tu mentor puede parecer demasiado difícil o demasiado fácil, ya que implica leer y utilizar tu imaginación, tu voluntad, tu memoria, tu intuición, tu razonamiento y tu percepción. La gente se aleja de sus objetivos y se rinde porque no puede ver la línea de meta frente a ellos. La gente quiere poder tocar, oler y ver lo que se propone, pero cuando uno se propone un objetivo, está trabajando con lo invisible.

A cuantos más seminarios asistas como participante activo y más aceptes la ayuda de mentores, más empezará a cambiar tu mundo.

Eres la suma total de tus pensamientos.

Por eso es importante que analices tus pensamientos a lo largo del día. Prueba esto: escribe todos tus pensamientos negativos y quémalos. Al quemar el papel, estás desprendiéndote simbólicamente de toda la negatividad. A continuación, escribe todos tus pensamientos positivos y léelos de nuevo a lo largo del día.

La mente subconsciente es la Mente Universal. Todo lo que nos ha sucedido se está cociendo a fuego lento en la mente subconsciente, por lo que tenemos que recordarle constantemente lo que queremos. En otras palabras, ¡hay que agarrar al toro por los cuernos!

Trabaja desde dentro hasta conseguir tus deseos, no sólo en tu mente, sino también físicamente. Puede parecer totalmente ilógico. Entiendo que pienses que algunas de estas ideas no tienen sentido. ¿Cómo puedes elevar tus ingresos a 300 dólares la hora? Eso es totalmente ilógico. No tiene sentido. Sin embargo, eso es lo que Bob Proctor me enseñó, y ahora es lo que yo enseño a hacer a otros.

Nadie pensaba que Henry Ford pudiera fabricar un motor V8. Los ingenieros dijeron que tenía que seguir con el Modelo T y que no podían construir un V8, pero Ford les dijo que podían trabajar juntos para resolverlo. Les llevó mucho tiempo, pero al final lograron su objetivo y crearon el motor V8.

Puedes crear tus objetivos, por ilógicos que parezcan.

Capítulo 8

CÓMO INTERPRETAR
A LA ESTRELLA

Imagínate en una película. ¿Qué personaje quieres interpretar? ¿De qué trata tu película? En mi película, yo soy el personaje principal. Interpreto a un empresario de éxito con una bella esposa, una bonita casa y un coche rápido. Tengo un jet y un yate considerable. ¿Varias propiedades? Claro, ¿por qué no? Lo tengo todo. Y lo más importante, vivo mi vida con una sonrisa en el rostro. Los fines de semana hago obras de caridad y contribuyo a mi comunidad.

¿Qué harías si lo tuvieras todo? ¿Dónde vivirías? ¿Qué tipo de casa tendrías? ¿Tienes mascotas? ¿Estás casado? ¿Casas vacacionales? ¿Ayudas a la gente? Es muy importante hacerse estas preguntas y responderlas con sinceridad, por muy inimaginables que parezcan. Si no estás ni cerca de la imagen que te propones, ¡no pasa nada! Concéntrate en la imagen; concéntrate en la imagen que hay dentro de tu mente.

Geneviève Behrend dice: "Mi mente es el centro de la operación divina".

Céntrate en tu interior, trabaja en armonía y no fuerces una situación concreta. Sé paciente, pero persistente. Conviértete en Batman y salva tu propia vida. Asume el papel protagonista y conviértete en la estrella que has nacido para ser. No dejes que tus miedos te lleven de vuelta a la pobreza y la miseria.

Recuerda que lo que te propones ya es tuyo.

El Palomo Solitario, un familiar de una ex novia mía, era un maestro en eso de interpretar a la estrella. Cuando le conocí, aparentaba unos sesenta años y tenía la cabeza cubierta de pelo blanco. Más tarde supe que el nombre de "Palomo Solitario" lo había adoptado de una miniserie de televisión. Tenía curiosidad del por qué había cambiado su nombre por el de un personaje de un programa de televisión, y cómo había acabado siendo nombrado caballero por la Reina de Inglaterra. También me contó que había escrito varios libros y que él mismo llegó a pertenecer a la realeza. Era un personaje muy interesante.

Sabía que mentía, porque era imposible que el hombre que tenía delante luchara en la guerra de Vietnam, salvara a miles de soldados y acabara siendo duque de Inglaterra. Después de que me contara la historia, empecé a referirme a él como Duque Solitario. Suena gracioso, pero estaba literalmente viviendo su película. Pensé que estaba loco.

Tal vez en su mundo —el mundo que había creado en su mente— había sido honrado por la Reina de Inglaterra y nombrado caballero. Pero en mi mente, no era más que un hombre de sesenta años que hablaba lo que le saliera. Puse a prueba su imaginación. Quería todos los detalles. Le pregunté cómo había salvado a los soldados en Vietnam. Me dijo que no tuvo tiempo de salvarlos a todos porque tenían miedo del enemigo, y la bomba estalló. Me recordó a la película *Forrest Gump*. Dijo que hizo lo mejor que pudo y que tuvo aproximadamente una hora para rescatar a la gente. Incluso contó con detalle cómo le agradecieron después.

Después me contó cómo le recibió la Reina Isabel cuando entró en el castillo de Windsor. Le pregunté qué llevaba puesto ese día y me dijo que llevaba un esmoquin negro con pajarita. Cuando le pregunté si se había alojado en el palacio de Buckingham, me dijo que sí. Dijo que la Reina Isabel era muy amable, y se refirió a sus muchas conversaciones. Este tipo lo tenía todo. No pude encontrar ningún fallo en su historia.

Cuando hables de tener éxito y visualices que ya has alcanzado tu meta, asegúrate de que conoces todos los detalles. Imagina la vida con la que sueñas tan minuciosamente como el Palomo Solitario, y no te preocupes si la gente piensa que estás loco.

A otro hombre le ocurrió algo parecido, pero con resultados muy diferentes. Este joven, Jim, fue críado como yo. Nació en Canadá, en un suburbio al norte de Toronto, y su vida no fue fácil. El dinero para llevar comida a la mesa provenía del trabajo duro. Pero Jim tenía un sueño, quería ser cómico. Su padre le ayudaba llevándole en coche a lugares donde podía actuar, lo cual hacía sin cobrar. Aunque no tuvo éxito, Jim no se rindió. En lugar de eso, decidió mudarse solo a Los Ángeles.

Jim consiguió algunos trabajos, pero no en la comedia. Ganaba dinero trabajando en empleos de salario mínimo, pero al mismo tiempo estudiaba las leyes de las que te he hablado. En su mente, se veía a sí mismo teniendo éxito como actor. Se imaginaba a gente famosa diciéndole que les gustaba su trabajo. Imaginaba su vida como una vida de fama, éxito y riqueza. Por las tardes, a veces conducía hasta el mirador de Mulholland Drive, desde donde podía contemplar la ciudad. Allí daba rienda suelta a su imaginación. Esas noches había alcanzado un nivel de fama y riqueza acumulada, aunque sólo fuera en su mente. Incluso se hizo a sí mismo un cheque en un papel que decía "10 millones de dólares, por servicios de interpretación prestados", fechado el 25 de noviembre de 1995. Faltaban cinco años. Nadie en el mundo de la interpretación había ganado nunca 10 millones de dólares por una película.

Trabajó duro buscando trabajos como actor, pero no ganaba mucho dinero. Después de cinco años, por fin consiguió una audición para un papel en una película. Fue en otoño de 1995. Esperó ansioso para ver si había conseguido el papel. Al cabo de varias semanas, recibió la noticia. Le habían contratado. La oferta era de, por su puesto, 10 millones de dólares y la fecha: 25 de noviembre de 1995. Jim había cumplido su sueño. Varias películas después, le llamaban "el hombre de los 20 millones de dólares" por sus ganancias en varias películas, que recaudaron más de mil millones de dólares. Jim Carrey había cumplido su sueño.

Si la gente hubiera conocido a Jim cuando era joven, también le habrían llamado loco, pero hizo algo más que imaginar su vida ideal. Trabajaba duro con lo que tenía, estaba atento a las oportunidades y se movía con rapidez cuando las veía. Y lo que es más importante, nunca perdió la visión de quién quería llegar a ser.

Capítulo 9

¿Y AHORA QUÉ?
VIVIR UNA VIDA FELIZ

Algunas personas quieren crecer, mientras que otras necesitan un cambio completo desde dentro hacia fuera. Independientemente de dónde te encuentres con respecto a tus ingresos y tus objetivos, tienes que conquistar tu yo. Tenemos muchos problemas con nuestra imagen a causa de lo que nos decimos a nosotros mismos y de lo que creemos que los demás piensan de nosotros, pero no te preocupes por los demás ni por lo que dices.

Tu objetivo es acercarte a tu plan, a tu meta y a tu deseo.

A veces es importante saber que la gente no siempre va a creer lo que tú crees. Cuando te dicen que no puedes lograr tu deseo, esto es simplemente un reflejo de cómo se sienten ellos mismos. Comprende que su subconsciente no está donde tú necesitas que esté el tuyo. Con el tiempo, te verán viviendo la vida de tus sueños, y lo cuestionarán por lo que tus logros hablan de su propia vida.

Averigua qué es lo que realmente te hace feliz y, mientras sigues esforzándote por hacer realidad tus objetivos, concéntrate en esas cosas para mantener la motivación.

¿Has pensado en lo que realmente te hace feliz?

Céntrate en cosas que te hagan mejorar, tanto física como mentalmente. Lee un buen libro, practica algún deporte o participa en alguna actividad.

Me gusta dar las gracias por las cosas que tengo. Doy gracias a Dios por todo lo positivo que hay en mi vida, y he descubierto que tener un espíritu de gratitud ayuda a sentirse en paz.

Me gusta lo que dijo Napoleón Hill sobre pedir sabiduría: "Oh Divina Providencia, no te pido más riquezas, sino más sabiduría con la que hacer un uso más sabio de las riquezas que me diste al nacer, consistentes en el poder de controlar y dirigir mi propia mente hacia cualquier fin que desee".

Da gracias por las pequeñas cosas y por las personas que te ayudarán a subirte al tren del éxito y a dirigirte hacia tu objetivo, sea cual sea.

Quiero recordarte que Dios está dentro de ti. Dios es creador e inteligente, y si estás intentando crear tu reino, Dios quiere que tengas éxito.

Un millón de dólares es sólo una pizca de tu verdadero potencial. El Dios que está dentro de ti busca crear. Si no avanzas, retrocedes. No dejes que las circunstancias externas controlen tu forma de pensar. Para pensar con la mentalidad de alcanzar tus metas, necesitas pensar con la verdad en mente.

¿Qué es la verdad? Bueno, la verdad es que tú eres quien dices ser, y sólo tú conoces la verdad. En *Matrix*, Morfeo le dice a Neo que ha nacido en una prisión de la mente. ¿Estás en una prisión dentro de tu mente? ¿Quieres despertar?

"¿Despertarte hacia qué?", te estarás preguntando. Puedes despertar hacia lo que quieras. Toma el control de tu mente.

¡Crea la vida que estás destinado a vivir! La vida que buscas te está buscando.

Cuando estás en el tren del éxito, el camino hacia el éxito nunca termina.

CONCLUSIÓN

F ui a la universidad, obtuve un título, y aun así acabé sin dinero. Me dijeron una y otra vez que no iba a salir adelante, así que creé mi propio trabajo, ganando millones de dólares en el proceso. Si yo pude hacerlo, tú también puedes.

A lo largo de este libro, expuse todos los pasos que di para alcanzar mis objetivos financieros. He aquí un resumen:

- **Primer paso:** Averigua cuál es tu objetivo financiero y escríbelo.

- **Segundo paso:** Crea un plan de acción. ¿Cómo vas a alcanzar este objetivo? ¿Qué habilidades y deseos puedes utilizar?

- **Tercer paso:** En el plan de acción, haz el cálculo de cómo tus cualidades y habilidades te llevarán a tu objetivo financiero global. Si estás pensando en vender calcetines, por ejemplo, ¿cuántos calcetines necesitas vender para ganar 30 millones de dólares?

En mi caso, cuando empecé con la Clínica de Modificación de Préstamos, mi objetivo era ganar 1,75 millones de dólares. Dividí 4.500 entre 1,75 millones, lo que significaba que tendría que tramitar 389 casos a 4.500 dólares cada uno para alcanzar mi objetivo de 1,75 millones. Por supuesto, también calculé los gastos.

- **Cuarto paso:** Con ese plan, emprende una acción masiva. Repite tus objetivos cada día mientras avanzas hacia tu meta. Pronto, tu mundo externo cambiará junto con tus ingresos. Lo mejor es diversificar tus flujos de ingresos y construir varias fuentes de ingresos.

- **Quinto paso:** Repite tus objetivos y expresa tu gratitud todos los días. Incluso después de alcanzar mis objetivos, me aseguré de repetir a diario: "Estoy tan feliz y agradecido ahora que el dinero me llega en cantidades cada vez mayores por medio de varias fuentes de forma continua".

Deberías tomarte un tiempo ahora mismo para escribir aquello por lo que te sientes feliz y agradecido. Aquí tienes un ejemplo de cómo podrías escribirlo: *Estoy tan feliz y agradecido ahora que mi línea de ropa gana 3,5 millones de dólares al año después de pagar todos mis gastos.*

Inténtalo tú:

Estoy tan feliz y agradecido ahora que mi _____
_____ gana
_____ al año una vez pagados todos
mis gastos.

Firma_____

Fecha: ____

Asegúrate de firmarlo y poner tu fecha limite, y repítelo tantas veces como puedas para crear tu nueva realidad.

Cuando vuelvas a leer para tí lo que has escrito, tu cerebro creará una imagen en tu mente que te ayudará a acercarte a tu objetivo.

Napoleón Hill dijo una vez que, si escribes las palabras *opulencia* o *abundancia* en una hoja de papel y la pones en tu cartera, cada vez que veas esa palabra en tu cartera, átate a esa palabra. Tu imaginación va a captar las señales de opulencia y abundancia, y se van a entregar justo a tiempo.

A veces no conseguimos lo que queremos. En su lugar, obtenemos lo que tememos. Conseguimos lo que tememos cuando no tomamos posesión de nuestra mente y cambiamos lo negativo por lo positivo. Por ejemplo, cuando la gente dice: "Quiero un coche... pero no me lo puedo permitir". Bueno, ¿adivina qué? No puedes permitírtelo, y ese coche no será tuyo. Pero si dices: "Quiero ese coche; es mío", y luego escribes un plan de acción para conseguirlo, estarás al volante antes de que te des cuenta. Al universo le gusta que seas preciso, positivo y que crezcas.

Como dice Bob Proctor, si quieres permanecer en la pobreza, sigue sintonizando con ella. Te llegará justo a tiempo. Pero si quieres abundancia, sintonízate con ella. Cuando lo hagas, la abundancia será entregada justo a tiempo.

¿Cómo? No cuestiones a Dios cómo va a hacer lo que tiene que hacer. La oportunidad se presentará y sabrás cuando aparezca, pero no lo cuestiones. Eso es parte del proceso de crecimiento.

Ross García y Bob Proctor en Toronto 2017

SOBRE EL AUTOR

R oss García es la prueba viviente de que la ley de atraccion funciona.

De niño, Ross se mudo de Houston (Texas) a Chicago. Su padre era un obrero de construcción que apenas traía a casa el dinero suficiente para alimentar a la familia, compuesta por su mujer, Ross, y otros dos hijos.

Ross, un niño estadounidense medio, se interesaba por las artes marciales, el monopatín y coleccionar cromos deportivos. A menudo jugaba en las calles cercanas a su casa o en el parque local, donde él y sus amigos podían almorzar gratis.

Cuando cumplió quince años, empezaron a producirse cambios, basados en las decisiones que Ross estaba tomando. Se juntaba con la gente equivocada. Su padre tomó la dura decisión de enviarlo de vuelta a Houston a vivir con su tío. Eran los primeros días de la violencia de las bandas.

Al cabo de un año, Ross regresó a Chicago, donde terminó el instituto. Encontró un trabajo de comida rápida, pasó a la venta al por menor de herramientas y, finalmente, a la venta de teléfonos móviles. Las puertas se abrían, pero Ross sentía que había algo más en su vida que trabajar duro. Se estaba buscando a sí mismo.

Mientras esperaba en una parada de autobús, se le ocurrió una idea. Ross recordó un consejo: "Ve a la escuela. Obtén un título".

Ross quería ir a la universidad, pero se encontró con el fracaso cuando descubrió que sus conocimientos de matemáticas no daban la talla. Estudió mucho para mejorar y fue admitido en la universidad, donde obtuvo un título en finanzas.

Entonces su vida dio un brusco giro.

Conduciendo ebrio, Ross provocó un grave accidente automovilístico. Fue condenado a cuatro meses en un campo de entrenamiento disciplinario, lo cual cambió su perspectiva. Allí, Ross empezó a leer *"Piense y hágase rico"*, sobre tener un deseo intenso, una meta, y que el dinero era sólo una forma de energía. Cuando terminó sus cuatro meses en el campo de entrenamiento, Ross buscaba una forma de ganar dinero.

Su amigo le habló de su trabajo en el banco, escribiendo hipotecas, y Ross pronto se encontró en la misma situación. Estaba ganando dinero. Napoleón Hill decía que había que encontrar algo que se te diera bien y mejorar en ello. Ross era bueno reescribiendo hipotecas y mejoró. Ganó más dinero y, al hacerlo, ayudó a la gente a conservar sus casas. Hill había escrito sobre estar en el lado correcto. Ross estaba allí.

Ross estudiaba a diario a Napoleón Hill y aprendió la importancia de escribir los objetivos. Ross escribió su objetivo: ganar 1,75 millones de dólares en cinco años. No tenía ni idea de cómo lo conseguiría. Pero le hizo pensar.

Aproximadamente a la mitad de esos cinco años, Ross conoció a Bob Proctor, que también había estudiado a Napoleón Hill. Bob ofreció un programa de formación de consultores, y Ross se apuntó. Sabía que tener a Bob como entrenador le ayudaría, pero también sabía que todas las respuestas que necesitaba ya estaban dentro de él. El camino desde donde estás hasta donde quieres estar nunca es el camino que esperas.

Cuando los cinco años llegaron a su fin, Ross había ganado 1,75 millones de dólares. Su objetivo se había cumplido, tal y como Napoleón Hill dijo que ocurriría. Entonces, Ross fijó una nueva meta.

Quería ser rico, No tanto por ser *rico*, pero sabía que, si era un consultor diciendo a la gente cómo tener éxito, necesitaba ser un ejemplo. Necesitaba triunfar él mismo. Habló consigo mismo de la vida que llevaría. "Soy escritor. Doy conferencias. No me preocupa el dinero, porque tengo más que suficiente. Ayudo a la gente a hacer lo que yo hago: triunfar. Gano 50 millones de dólares en criptomonedas".

"Todo es posible. Tengo una casa frente al océano y obtengo todo mi dinero de mis ganancias en criptomonedas". Su negocio hipotecario iba bien, así que decidió empezar a invertir en criptomonedas. Pronto empezó a ganar más dinero.

Ross se dedicó a leer cada vez más. Tenía un intenso deseo de triunfar y leía los escritos de otros que habían hecho lo mismo. Empezó a viajar. Sus viajes le llevaron a Suiza, Reino Unido y España. Su reestructuración hipotecaria prosperó, al igual que sus inversiones en criptomonedas.

Cuando pasaron otros cinco años, Ross había superado su objetivo de 50 millones de dólares.

Ross tiene ahora pasaporte portugués, una casa frente al mar en Marbella, una segunda residencia en Tulum y viaja a menudo entre Europa y América. Escribe, da conferencias, asesora y dirige varias empresas, entre ellas CryptoLifeSchool.com y WealthMindsetGroup.com.

Todo es posible. Ross García es la prueba.

DISPONIBLE AHORA EN AMAZON.

Más información acerca del
Tren del Éxito,
próximos libros
o Ross García,

Visita
www.RossGarciaAuthor.com

Más libros próximamente...

NOTAS,
AGRADECIMIENTOS Y METAS...

_____

_____

_____

_____

_____

_____

_____

_____

_____

_____

_____

_____

_____

_____

_____

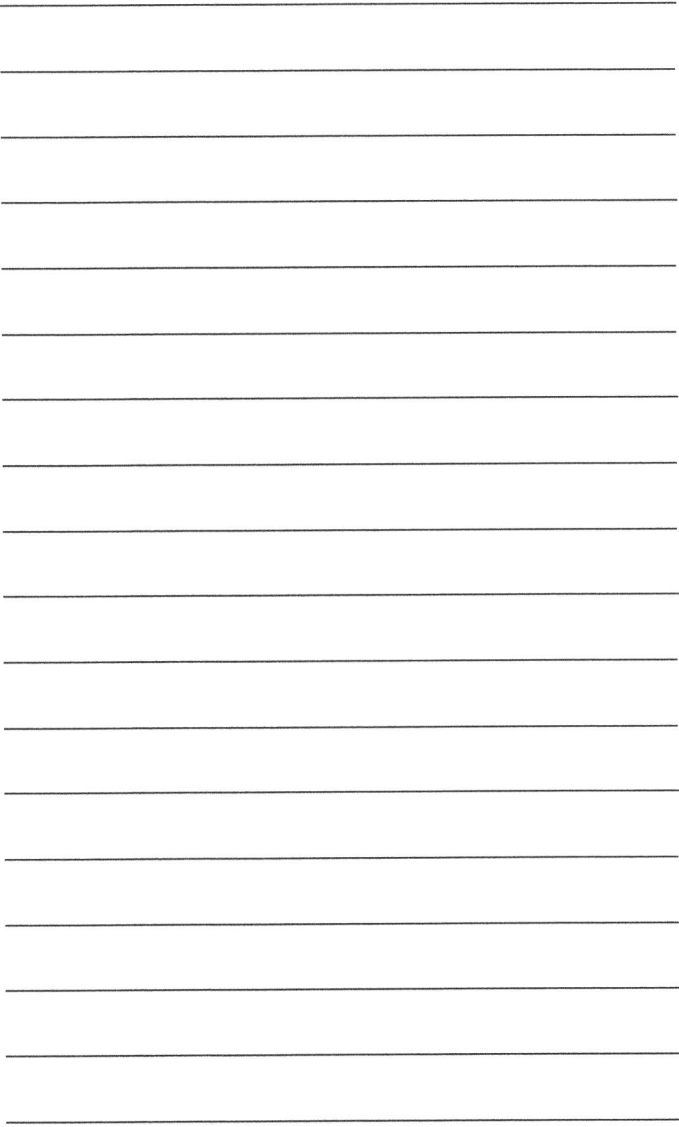

Hearts to be HEARD

Giving a Voice to Creativity!

Con cada donación, se dará voz
a la creatividad que yace en los
corazones de nuestros niños que viven
con diversos retos.

Al hacer esta diferencia, los niños que
quizá no hayan tenido la oportunidad
de que su corazón sea escuchado tendrán
libertad para realizar bellas obras de arte
y creaciones musicales.

Haz un donativo visitando

HeartstobeHeard.com

Te lo agradecemos.

www.ingramcontent.com/pod-product-compliance
Lightning Source LLC
Chambersburg PA
CBHW050608210326
41521CB00008B/1157